中国語会話 の コツ

宮本大輔／温琳

JN084370

KINSEIDO

まえがき

大家好！　みなさん、こんにちは。

中国語を1年間勉強してみて如何でしたか。英語以外の外国語、日本や西洋以外の国の文化に初めて触れ、とても新鮮に感じた方も少なくないと思います。中国語ネイティブと簡単な会話ができるようになった喜びを味わうと同時に、今まで学習した知識ではまだ中国語ネイティブと自在にコミュニケーションを取ることができないもどかしさを感じた方も多くいることでしょう。このような悩みを解決するためには、少なくとも文法的な知識（文法能力）と言語習慣に関する知識（社会言語学的能力）の2つを兼ね備えている必要があります。本書はこの2つの面をカバーする初めてのテキストです。

文法的な知識に関しては、各課で初級レベルの難易度の高い文法項目を設けており、使い方を詳細に説明しています。また、言語習慣に関しては、日本語と中国語の差異に焦点をあて「会話のコツ」という形で詳細に説明しています。例えば、中国語では発話者と受話者が近しい関係になるほど、謝罪や感謝の言葉を発することが少なくなります。親しい間柄なのに、頻繁に謝罪や感謝の言葉を相手に伝えるのは堅苦しいという考え方です。日本語はどうでしょうか。「親しき中にも礼儀あり」という言葉が表すように、どれほど近しい関係にある者であったとしても、謝罪や感謝の気持ちは相手に表現する必要があります。

日本語と類似する部分、英語と類似する部分をしっかり見極めて、自分が理解しづらい概念を重点的に学習すれば、また一歩、中国語のマスターに近づくことができるでしょう。

"知之者不如好之者，好之者不如乐之者（これを知る者はこれを好む者に如かず、これを好む者はこれを楽しむ者に如かず）。"何事も楽しむことが習得への一番の近道です。今年も中国語を楽しみましょう！

2019年7月　著者

本書の構成

本書は、全12課からなる、中級者向けテキストです。中国語を1年間学習した学生を対象としており、週1回の授業であれば、通年で使用することができるようになっています。会話力向上に重点をおいており、1つの課は目標→ウォームアップ→新出単語→本文→内容確認→文法→会話のコツ→練習問題→巻末練習問題で構成されています。

各課の構成は以下の通りです。

目　　　標：その課で学生が身につけることのできる内容を示しています。

熱 身 練 習：音声とイラストを結ぶことにより、単語が映像記憶として定着することを目的としています。

生　　　詞：その課で新しく学ぶ単語をまとめました。

会　　　話：中国人男性（若い研究員）と日本人女性（大学生）の会話です。各課4ターン（8行）となっています。音声は速いものと遅いものを用意しました。ディクテーションやシャドーイング等にご活用下さい。

内 容 確 認：会話の内容に関する正誤判断問題です。

文　　　法：各課の文法項目です。1課につき3項目取り上げています。初級文法の難易度が高いものも組み込んでいるため、復習しながら進めることができます。

会 話 の コ ツ：中国語ネイティブと円滑なコミュニケーションを図る際に必要と思われる12の言語習慣を取り上げ、解説してあります。

練 習 問 題：各課で学んだ文法項目や会話をもとに、中国語を話せるようになるための練習問題です。大問は3つで、リスニング、日文中訳、会話ロールプレイといった内容になっています。

巻末練習問題：さらに発展的な練習問題を巻末につけました。些か難易度が高いですが、きちんと取り組めば、語彙力、リスニング力、会話力を飛躍的に向上させることができます。大問は3つで、単語の調べ学習、リスニング、会話ロールプレイといった内容になっています。

音声ファイル無料ダウンロード

http://www.kinsei-do.co.jp/download/0715

**この教科書で DL 00 の表示がある箇所の音声は、上記 URL または QR コードにて
無料でダウンロードできます。自習用音声としてご活用ください。**

- ▶ PC からのダウンロードをお勧めします。スマートフォンなどでダウンロードされる場合は、
  ダウンロード前に「解凍アプリ」をインストールしてください。
- ▶ URL は、**検索ボックスではなくアドレスバー（URL 表示覧）**に入力してください。
- ▶ お使いのネットワーク環境によっては、ダウンロードできない場合があります。

CD 00　左記の表示がある箇所の音声は、**教室用 CD** に収録されています。

目　次

第一课　我很高兴

目标

・自分の名前がしっかりと言える。
・初対面の挨拶表現が身につく。

DL 01
CD1-01

1 热身练习

a ～ d の音声を聞いて、その意味を表すイラストと線でつなぎましょう。

a. (　　　)　　　b. (　　　)　　　c. (　　　)　　　d. (　　　)
　　　　　・　　　　　　　　　　　　　　　　　・　　　　　　　・

失くす

持つ

名前

小猫

DL 02
CD1-02

2 生词

1	接	jiē	迎える
2	认识	rènshi	知り合う
3	高兴	gāoxìng	うれしい
4	行李	xíngli	荷物
5	拿	ná	持つ
6	把	bǎ	～を
7	平板	píngbǎn	タブレット
8	忘	wàng	忘れる
9	申报单	shēnbàodān	申告書
10	填写台	tiánxiětái	記入台

11	失物	shīwù	遺失物
12	招领处	zhāolǐngchù	受取所
13	丢	diū	失くす
14	小猫	xiǎomāo	子ネコ
15	躺	tǎng	横になる
16	沙发	shāfā	ソファー
17	人民币	Rénmínbì	人民元
18	日元	Rìyuán	日本円
19	换成	huànchéng	…に両替する

会话　宝木さんは先生に頼まれて、訪問研究員を迎えに空港へやってきました。

 DL 03
CD1-03

祁麟：　你 好！ 我 是 祁麟。你 是 瑠央 吧？
Qí Lín：　Nǐ hǎo!　Wǒ shì Qí Lín.　Nǐ shì Liúyāng ba?

宝木：　你 好，你 好！ 我 是 宝木 瑠央。
Bǎomù：　Nǐ hǎo,　nǐ hǎo!　Wǒ shì Bǎomù Liúyāng.

祁麟：　谢谢 你 来 接 我！
Qí Lín：　Xièxie nǐ　lái　jiē wǒ!

宝木：　不 客气，认识 你 很 高兴！
Bǎomù：　Bú　kèqi,　rènshi nǐ hěn gāoxìng!

祁麟：　认识 你 我 也 很 高兴。
Qí Lín：　Rènshi nǐ　wǒ　yě hěn gāoxìng.

宝木：　行李 都 拿好 了 吗？
Bǎomù：　Xíngli dōu náhǎo　le ma?

祁麟：　我 把 平板 忘在 申报单 填写台 了。
Qí Lín：　Wǒ bǎ píngbǎn wàngzài shēnbàodān tiánxiětái le.

宝木：　那 我们 去 失物 招领处 找找 吧。
Bǎomù：　Nà wǒmen qù shīwù zhāolǐngchù zhǎozhao ba.

 DL 04
CD1-04

内容確認

音声を聴き、本文と合致するものに○、そうでないものには×を書きましょう。

1. _____　（　　）

2. _____　（　　）

3. _____　（　　）

1 結果補語

① 我 吃饱 了。
Wǒ chībǎo le.

② 弟弟 找到了 他 的 手机。
Dìdi zhǎodàole tā de shǒujī.

2 処置文

① 我 把 钱包 丢 了。
Wǒ bǎ qiánbāo diū le.

② 小猫 把 我 的 手机 弄坏 了。
Xiǎomāo bǎ wǒ de shǒujī nònghuài le.

3 動詞＋"在"

① 我 住在 留学生 宿舍。
Wǒ zhùzài liúxuéshēng sùshè.

② 他 常 躺在 沙发 上 看 电视。
Tā cháng tǎngzài shāfā shang kàn diànshì.

会話のコツ　初対面の挨拶

　　中国語で初対面の挨拶をする際、当然自己紹介をする。日本人の名前は漢字を使用していることが多いが、そのまま中国語読みにしただけでは、日本人の名前に慣れていない中国人には漢字が伝わらない。そのため、名前の漢字を相手に伝える必要がある。

　　また、日本人は「宜しくお願いします」の訳語として、"请多多关照"という表現をよく使用する。だが、"关照"には、「世話をする」という意味があることから、初対面の人への挨拶として最適とは言えない。「ご指導ください」という意味の"请多指教"という表現を使うと良い。

例

宝木：你好！ 我 姓 宝木，叫 宝木 瑠央。宝 是 宝石 的 宝，
　　　Nǐ hǎo! Wǒ xìng Bǎomù, jiào Bǎomù Liúyāng. Bǎo shì bǎoshí de bǎo.

　　　木 是 木头 的 木，瑠 是 王 字 旁 留学 的 留，央 是 中央 的 央。
　　　mù shì mùtou de mù. liú shì wáng zì páng liúxué de liú. yāng shì zhōngyāng de yāng.

祁麟：你好！ 我 叫 祁麟。认识 你 很 高兴。
　　　Nǐ hǎo! Wǒ jiào Qí Lín. Rènshi nǐ hěn gāoxìng.

宝木：认识 你 我 也 很 高兴。请 多 指教。
　　　Rènshi nǐ wǒ yě hěn gāoxìng. Qǐng duō zhǐjiào.

練習問題

1 音声を聞き、質問に対して中国語で自由に答えなさい。

(1) _____

(2) _____

(3) _____

2 次の日本語を中国語に訳しなさい。

(1) 兄はレポートを書き終えました。

_____

(2) 私は人民元を日本円に両替したい。

_____

(3) うちの子ネコはソファーで横になるのが好きだ。

_____

3 次の会話を二人で完成させ、会話のロールプレイをしなさい。

A： 你 好！ 我 是_____。
　　Nǐ hǎo! Wǒ shì　　　　　　　　　　 .

B： _____。
　　　　　　　　　　　　　　　 .

A： 谢谢 你 来 接 我！ 你 是 哪里 人?
　　Xièxie nǐ lái jiē wǒ! Nǐ shì nǎli rén?

B： 我 是_____。 行李 都 拿好 了 吗?
　　Wǒ shì　　　　　　　　　　 . Xíngli dōu náhǎo le ma?

A： 我 把_____忘在_____了。
　　Wǒ bǎ　　　　　　wàngzài　　　　　　le.

B： 那 我们 去 失物 招领处 找找 吧。
　　Nà wǒmen qù shīwù zhāolǐngchù zhǎozhao ba.

4 **3** で得られた答えを以下の表に記入し、発表しなさい。

	氏名	出身	忘れ物・忘れた場所
同学 1			
同学 2			

我查一查

> **目标**
>
> ・交通機関の言い方が身につく。
> ・会話のやわらげ方が身につく。

🎧 DL 07
💿 CD1-07

① 热身练习

次の音声を聞いて日本語に該当する中国語を a ～ d から選びましょう。

a. (   )   b. (   )   c. (   )   d. (   )

調べる   快適である   混雑する   乗る

🎧 DL 08
💿 CD1-08

② 生词

1	查	chá	調べる	8	会	huì	～だろう
2	还是	háishi	それとも、やはり	9	拥挤	yōngjǐ	混雑する
3	大巴	dàbā	バス	10	虽然…但是～	suīrán…dànshì～	…だが～
4	等	děng	待つ	11	又…又～	yòu…yòu～	…であり～だ
5	用	yòng	使用する	12	舒适	shūshì	快適である
6	手机	shǒujī	携帯電話	13	胖	pàng	太っている
7	比较	bǐjiào	やや、比較的	14	甜	tián	甘い

会话 宝木さんは訪問研究員の祁さんをホテルまで送り届けます。

祁麟： 我们 坐 地铁 还是 大巴？
Qí Lín： Wǒmen zuò dìtiě háishi dàbā?

宝木： 请 等 一下，我 用 手机 查一查。
Bǎomù： Qǐng děng yíxià, wǒ yòng shǒujī cháyichá.

祁麟： 怎么样？ 查到 了 吗？
Qí Lín： Zěnmeyàng? Chádào le ma?

宝木： 地铁 比较 便宜，可是 这个 时间 会 拥挤。
Bǎomù： Dìtiě bǐjiào piányi, kěshì zhège shíjiān huì yōngjǐ.

祁麟： 大巴 呢？
Qí Lín： Dàbā ne?

宝木： 大巴 虽然 比较 贵，但是 又 快 又 舒适。
Bǎomù： Dàbā suīrán bǐjiào guì, dànshì yòu kuài yòu shūshì.

祁麟： 那 还是 坐 大巴 吧。
Qí Lín： Nà háishi zuò dàbā ba.

宝木： 好。那 咱们 走 吧。
Bǎomù： Hǎo. Nà zánmen zǒu ba.

DL 10
CD1-10

内容確認

音声を聴き、本文と合致するものに○、そうでないものには×を書きましょう。

1. _____ （ 　 ）

2. _____ （ 　 ）

3. _____ （ 　 ）

文法

DL 11
CD1-11

1 選択疑問文

① 你 的 专业 是 汉语 还是 英语？
Nǐ de zhuānyè shì Hànyǔ háishi Yīngyǔ?

② 我们 今天 去 还是 明天 去？
Wǒmen jīntiān qù háishi míngtiān qù?

2 逆接関係 "虽然…但是～"

① 蛋糕 虽然 很 好吃，但是 吃多了 容易 胖。
Dàngāo suīrán hěn hǎochī, dànshì chīduōle róngyì pàng.

② 虽然 已经 春天 了，但是 还 有点儿 冷。
Suīrán yǐjīng chūntiān le, dànshì hái yǒudiǎnr lěng.

3 並列関係 "又…又～"

① 富士 苹果 又 大 又 甜。
Fùshì píngguǒ yòu dà yòu tián.

② 日本 的 拉面 又 好吃 又 便宜。
Rìběn de lāmiàn yòu hǎochī yòu piányi.

会話のコツ　**会話のやわらげ方**

　現代中国語には、体系化された敬語がないとされている。だが、話す相手との関係性や発話の目的によっては、語気を和らげる必要性もある。その際、用いられるのが "一下" や動詞の重ね型 "動詞＋一＋動詞"、語気助詞 "吧" である。例として以下の文をあげることができる。

例

・丁寧な言い方

请 等 一下，我 用 手机 查一查。
Qǐng děng yíxià, wǒ yòng shǒujī cháyichá.

请 到 收银台 付 钱。
Qǐng dào shōuyíntái fù qián.

找 您 三 块钱。
Zhǎo nín sān kuàiqián.

您 刷卡 还是 付 现金？
Nín shuākǎ háishi fù xiànjīn?

・くだけた言い方

等着 等着，我查。
Děngzhe děngzhe, wǒ chá.

那边儿 交钱。
Nàbiānr jiāo qián.

找 钱。
Zhǎo qián.

刷卡 还是 现金？
Shuākǎ háishi xiànjīn?

練習問題

DL 12
CD1-12

1 音声を聞き、質問に対して中国語で自由に答えなさい。

(1) _____

(2) _____

(3) _____

2 次の日本語を中国語に訳しなさい。

(1) 日本の地下鉄は速くて安い。

_____

(2) この本が高いですか、あの本が高いですか。

_____

(3) 彼は笑うのが好きではないが、性格は良い。

_____

3 次の会話を二人で完成させ、会話のロールプレイをしなさい。

A： 咱们 怎么 去 _____？　　　　※怎么：どうやって
　　Zánmen zěnme　qù　　　　　　　　　　？

B： 可以_____ 去，也 可以_____ 去。
　　Kěyǐ　　　　　　　qù,　yě　kěyǐ　　　　　　qù.

A： _____快 还是_____快？
　　　　　　　 kuài háishi　　　　　 kuài?

B： _____快，但是_____。
　　　　　　　 kuài,　dànshì　　　　　　　　　 .

A： 那 咱们 还是_____去 吧。
　　Nà zánmen háishi　　　　 qù　ba.

B： 好。那 咱们 走 吧。
　　Hǎo.　Nà zánmen zǒu ba.

4 **3** で得られた答えを以下の表に記入し、発表しなさい。

	選択肢①	選択肢②	結論	理由
同学 1				
同学 2				

第三课 **不见不散**

目标

・約束の仕方が身につく。
・質問への答え方が身につく。

DL 13
CD1-13 **① 热身练习**

次の音声を聞いて日本語に該当する中国語を a ～ d から選びましょう。

a. (　　　　　) 　 b. (　　　　　) 　 c. (　　　　　) 　 d. (　　　　　)

予定

桜

週末

駅

DL 14
CD1-14 **② 生词**

1	不见不散	bú jiàn bú sàn	必ず来る／行く		10	表参道	Biǎocāndào	表参道
2	可	kě	強調の意味		11	辣	là	辛い
3	快要…了	kuàiyào…le	もうすぐ…だ		12	位	wèi	人数を数える量詞
4	立夏	lìxià	立夏		13	进	jìn	入る
5	周末	zhōumò	週末		14	打算	dǎsuàn	予定
6	事儿	shìr	用事		15	樱花	yīnghuā	桜
7	正…呢	zhèng…ne	ちょうど…しているところだ		16	流利	liúlì	流暢
8	馋	chán	欲しがる		17	树	shù	木
9	周日	zhōurì	日曜日					

会话 　祁さんが宝木さんを食事に誘います。

祁麟： 今天 可 真 热！
Qí Lín： Jīntiān kě zhēn rè!

宝木： 是 啊，快要 立夏 了 嘛。
Bǎomù： Shì a, kuàiyào lìxià le ma.

祁麟： 对 了，你 这个 周末 有 时间 吗?
Qí Lín： Duì le, nǐ zhège zhōumò yǒu shíjiān ma?

宝木： 有 啊。有 事儿 吗?
Bǎomù： Yǒu a. Yǒu shìr ma?

祁麟： 一起 去 吃 中国菜， 怎么样?
Qí Lín： Yìqǐ qù chī zhōngguócài, zěnmeyàng?

宝木： 好 啊！ 正 馋 中国菜 呢！
Bǎomù： Hǎo a! Zhèng chán Zhōngguócài ne!

祁麟： 那 咱们 周日 下午6点， 表参道 车站 见。
Qí Lín： Nà zánmen zhōurì xiàwǔ liù diǎn, Biǎocāndào chēzhàn jiàn.

宝木： 好，不 见 不 散。
Bǎomù： Hǎo, bú jiàn bú sàn.

 DL 16
CD1-16

内容確認

音声を聴き、本文と合致するものに○、そうでないものには×を書きましょう。

1. _____ （ 　 ）

2. _____ （ 　 ）

3. _____ （ 　 ）

1 強調の副詞"可"

① 四川菜 可 真 辣 啊。
Sìchuāncài kě zhēn là　a.

② 那 位 老师 的 汉语 可 真 快 啊。
Nà wèi lǎoshī de Hànyǔ kě zhēn kuài　a.

2 近未来表現"就要…了"、"快…了"、"快要…了"等

① 他 明天 就要去 中国 了。
Tā míngtiān jiùyào qù Zhōngguó le.

② 快 上课 了，我们 快 进 教室 吧。
Kuài shàngkè le,　wǒmen kuài jìn jiàoshì ba.

③ 黄金周 快要 到 了，你 有 什么 打算?
Huángjīnzhōu kuàiyào dào le,　nǐ yǒu shénme dǎsuàn?

3 進行形"正…呢"

① 我们 正在 学习 汉语 呢。
Wǒmen zhèngzài xuéxí Hànyǔ ne.

② 小朋友们 正在 看 樱花 呢。
Xiǎopéngyoumen zhèngzài kàn yīnghuā ne.

会話のコツ　質問への答え＋α

　中国語での質問に対する答えは、"你是日本人吗?"や"你吃汉堡包吗?"といった是非疑問文であれば"是"、"不吃"、"你吃什么?"や"你去哪儿?"といった疑問詞疑問文であれば、"三明治"、"图书馆"のように、一言でも済ませられる。だが、それだけでは、聞き手に非常にそっけない印象を与えてしまうため、質問に対する答えを端的に述べるだけではなく、別の要素を加えることが多い。

・同じ質問を聞き返す

你 是 日本人 吗?
Nǐ shì Rìběnrén ma?

是，我 是 日本人。你 呢?
Shì,　wǒ shì Rìběnrén.　Nǐ ne?

・相手に勧める

你 吃 什么?
Nǐ chī shénme?

我 吃 三明治。这儿 的 三明治 可 好吃 了。你 也 尝尝?
Wǒ chī sānmíngzhì.　Zhèr de sānmíngzhì kě hǎochī le.　Nǐ yě chángchang?

・理由を述べる

你 吃 汉堡包 吗?
Nǐ chī hànbǎobāo ma?

不 吃。我 在 减肥，我 想 吃 沙拉。
Bù chī.　Wǒ zài jiǎnféi,　wǒ xiǎng chī shālā.

1 音声を聞き、質問に対して中国語で自由に答えなさい。

(1) _____

(2) _____

(3) _____

2 次の日本語を中国語に訳しなさい。

(1) 私たちはもうすぐ試験です。

_____

(2) 彼の中国語は本当に流暢です。

_____

(3) 小鳥が一羽、木の上で歌を歌っています。

_____

3 次の会話を二人で完成させ、会話のロールプレイをしなさい。

A： 你_____有 时间 吗?
　　Nǐ　　　 yǒu shíjiān ma?

B： 有 啊。有 事儿 吗?
　　Yǒu a.　Yǒu　shìr　ma?

A： 一起_____, 怎么样?
　　Yìqǐ　　　　　 , zěnmeyàng?

B： 好 啊!　我 正 想_____呢。
　　Hǎo a!　　Wǒ zhèng xiǎng　　　 ne.

A： 那 咱们_____车站 见。
　　Nà zánmen　　　　 chēzhàn jiàn.

B： 好, 不 见 不 散。
　　Hǎo,　bú jiàn bú sàn.

4 **3**で得られた答えを以下の表に記入し、発表しなさい。

	いつ	何をする	何時にどこで会う
同学1			
同学2			

第四课　多吃点儿

第四课

目标

・依頼表現が身につく。
・依頼を引き受ける際の表現が身につく。

DL 19 / CD1-19

① 热身练习

次の音声を聞いて日本語に該当する中国語を a ～ d から選びましょう。

a. (　　　　　)　　b. (　　　　　)　　c. (　　　　　)　　d. (　　　　　)

お願いする

食事をする

点検する

引き受ける

DL 20 / CD1-20

② 生词

1	来	lái	さあ
2	阴谋	yīnmóu	陰謀
3	请	qǐng	お願いする
4	帮忙	bāngmáng	手伝う
5	被	bèi	…される
6	猜中	cāizhòng	当てる
7	帮	bāng	手伝う
8	检查	jiǎnchá	点検する
9	奖学金	jiǎngxuéjīn	奨学金
10	申请表	shēnqǐngbiǎo	申請書
11	包在	bāozài	引き受ける
12	身上	shēnshang	体
13	拜托	bàituō	お願いする
14	妥妥滴	tuǒtuǒ dī	ばっちり
15	谢	xiè	お礼をする
16	读	dú	読む
17	淋	lín	濡れる
18	玩具	wánjù	おもちゃ
19	摔坏	shuāihuài	落ちて壊す
20	小宝宝	xiǎo bǎobao	赤ちゃん
21	尝	cháng	味を見る
22	号码	hàomǎ	番号
23	吓哭	xiàkū	驚いて泣く

会话　日曜日、祁さんと宝木さんは表参道で食事をしています。

DL 21
CD1-21

祁麟：　这 是 你 最 喜欢 吃 的 菜，来，多 吃 点儿。
Qí Lín：　Zhè shì nǐ zuì xǐhuan chī de cài,　lái,　duō chī diǎnr.

宝木：　嗯？有 阴谋。
Bǎomù：　Ng? Yǒu yīnmóu.

祁麟：　哈 哈，能 请 你 帮 我 一 个 忙 吗？
Qí Lín：　Ha ha,　néng qǐng nǐ bāng wǒ yí ge máng ma?

宝木：　你 看，被 我 猜中 了 吧。什么 忙？
Bǎomù：　Nǐ kàn,　bèi wǒ cāizhòng le　ba. Shénme máng?

祁麟：　想 请 你 帮 我 检查 一下 奖学金 申请表。
Qí Lín：　Xiǎng qǐng nǐ bāng wǒ jiǎnchá yíxià jiǎngxuéjīn shēnqǐngbiǎo.

宝木：　没 问题，包在 我 身上。
Bǎomù：　Méi wèntí,　bāozài wǒ shēnshang.

祁麟：　那 就 拜托 了。
Qí Lín：　Nà jiù bàituō le.

宝木：　妥妥 滴。
Bǎomù：　Tuǒtuǒ dī.

DL 22
CD1-22

内容確認

音声を聴き、本文と合致するものに○、そうでないものには×を書きましょう。

1. _____（　　）

2. _____（　　）

3. _____（　　）

第四课

1 "多"＋動詞

① 明天 下雨, 你多 穿点儿 衣服。
　　Míngtiān xiàyǔ,　　nǐ duō chuān diǎnr　yīfu.

② 学 外语要多听、多说、多读、多写。
　　Xué wàiyǔ yào duō tīng、duō shuō、duō dú、　duō xiě.

2 受身文

① 他 被 雨 淋 了。
　　Tā bèi yǔ lín le.

② 玩具 被 小 宝宝 摔坏 了。
　　Wánjù bèi xiǎo bǎobao shuāihuài le.

3 兼語文 "请"

① 请 你 尝尝 我做的菜。
　　Qǐng nǐ chángchang wǒ zuò de cài.

② 请 你 告诉 我 电话 号码。
　　Qǐng nǐ gàosu wǒ diànhuà hàomǎ.

会話のコツ　　依頼表現

　　他者に何か依頼をする場合、中国語には次のような表現がある。以下の３つの違いはその丁寧度にある。①は丁寧度が高いため、目上の人に対して使うのに適しているが、③は丁寧度が低いため、友人に対して使用するのが適切である。①や②のように疑問文にすることで相手に断る猶予を与えたり、動詞の直後に "一下（ちょっと）" を加えることで相手の精神的負担を軽減すると、発話の丁寧度が高くなる。

① 能请您（你）帮我一个忙吗？ （お手伝いをお願いすることはできますか。）
　　Néng qǐng nín (nǐ) bāng wǒ yí ge máng ma?

② 您（你）能不能帮我一个忙？ （お手伝いいただくことはできますか。）
　　Nín (nǐ) néng bu néng bāng wǒ yí ge máng?

③ 帮我一个忙。 （手伝って。）
　　Bāng wǒ yí ge máng.

　　なお、依頼を承諾する際には、友人間では "包在我身上。（任せておいて。）"、一般的な関係では "没问题。（大丈夫です）。" といった表現がある。その他、友人同士では、冗談として "打算怎么谢我？（どうやって私にお礼をするつもりなの？）" のような表現も見受けられる。相手との関係や場面を見極めて使い分けたい。

練習問題

1 音声を聞き、質問に対して中国語で自由に答えなさい。

(1) _____

(2) _____

(3) _____

2 次の日本語を中国語に訳しなさい。

(1) もう何度か練習すれば大丈夫です。

_____

(2) 赤ちゃんが子ネコに驚いて泣いてしまいました。

_____

(3) ここに携帯電話の番号を書いていただけませんか。

_____

3 次の会話を二人で完成させ、会話のロールプレイをしなさい。

A： 请 你 _____，好 吗?
　　Qǐng nǐ 　　　　　　, hǎo ma?

B： 什么 忙?
　　Shénme máng?

A： 帮 我 _____。
　　Bāng wǒ 　　　　　　　　.

B： 当然 可以。
　　Dāngrán kěyǐ.

A： _____ 要 ____，来得及 吗?　　　　　※来得及：間に合う
　　　　　　　 yào 　　, láidejí ma?

B： 没 问题，包在 我 身上。
　　Méi wèntí, bāozài wǒ shēnshang.

4 **3** で得られた答えを以下の表に記入し、発表しなさい。

	頼み	期限
同学 1		
同学 2		

第五课　　去江之岛

目标
・電話の受け答えが身につく。
・他者に何かを勧める表現が身につく。

DL 25
CD1-25

1 热身练习

次の音声を聞いて日本語に該当する中国語を a ～ d から選びましょう。

a. (　　　　　)　　**b.** (　　　　　)　　**c.** (　　　　　)　　**d.** (　　　　　)

推薦する

花火

楽しい

美味しい

DL 26
CD1-26

2 生词

1	喂	wèi	もしもし		10	烟花	yānhuā	花火
2	哎	āi	はい		11	完美	wánměi	完璧である
3	海	hǎi	海		12	就…了	jiù…le	…にしよう
4	推荐	tuījiàn	推薦する		13	必须的	bìxū de	もちろん
5	地方	dìfang	場所		14	支	zhī	～本
6	江之岛	Jiāngzhīdǎo	江の島		15	申请	shēnqǐng	申請する
7	好玩儿	hǎowánr	楽しい		16	许愿	xǔyuàn	願い事をする
8	先…再～	xiān…zài~	先に…して～する		17	洗脸	xǐliǎn	顔を洗う
9	冲浪	chōnglàng	サーフィンをする		18	洗澡	xǐzǎo	お風呂に入る

22

会话

祁さんは日本の海が見たくなり、宝木さんに電話をかけました。

祁麟： 喂，瑠央 吗？
Qí Lín： Wèi, Liúyāng ma?

宝木： 哎，我 是。祁麟，怎么 了？
Bǎomù： Āi, wǒ shì. Qí Lín, zěnme le?

祁麟： 我 想 去 看海，有 推荐 的 地方 吗？
Qí Lín： Wǒ xiǎng qù kàn hǎi, yǒu tuījiàn de dìfang ma?

宝木： 这个 真 的 有！ 江之岛。
Bǎomù： Zhège zhēn de yǒu! Jiāngzhīdǎo.

祁麟： 有 什么 好玩儿 的？
Qí Lín： Yǒu shénme hǎowánr de?

宝木： 可以 先 去 冲浪，然后 再 去 看 烟花。
Bǎomù： Kěyǐ xiān qù chōnglàng, ránhòu zài qù kàn yānhuā.

祁麟： 完美！ 就 它 了。一起 去？
Qí Lín： Wánměi! Jiù tā le. Yìqǐ qù?

宝木： 必须 的。
Bǎomù： Bìxū de.

内容確認

音声を聴き、本文と合致するものに○、そうでないものには×を書きましょう。

1. _____ （　）

2. _____ （　）

3. _____ （　）

文法

 DL 29
CD1-29

① "好"＋動詞

① 这 支 圆珠笔 很 好 写。
Zhè zhī yuánzhūbǐ hěn hǎo xiě.

② 东京 樱花 大学 的 奖学金 好 申请 吗？
Dōngjīng yīnghuā dàxué de jiǎngxuéjīn hǎo shēnqǐng ma?

② 先後関係 "先…再～"

① 过 生日 的 时候 要 先 许愿 再 吃 生日 蛋糕。
Guò shēngrì de shíhou yào xiān xǔyuàn zài chī shēngrì dàngāo.

② 每天 早上 起床 后，我 先 洗脸 然后 再 吃 饭。
Měitiān zǎoshang qǐchuáng hòu, wǒ xiān xǐliǎn ránhòu zài chī fàn.

③ 強調 "就…了"

① A：这 家 店 又 好吃 又 便宜。
Zhè jiā diàn yòu hǎochī yòu piányi.

B：就 这 家 了。
Jiù zhè jiā le.

② A：这 是 日本 最 有名 的 手表。
Zhè shì Rìběn zuì yǒumíng de shǒubiǎo.

B：就 买 这个 了。
Jiù mǎi zhège le.

会話のコツ　電話の受け答え

・電話を掛けた時の受け答えの仕方

以前は "你是 ×× 吗？ Nǐ shì ×× ma?" で相手の名前を確認していたが、現在は携帯電話に名前が表示されるため、知り合い同士の場合、一般的には使われない。相手が知らない者の場合は、"你是哪位？ Nǐ shì něi wèi?"、"哪位？ Něi wèi?" を用いて相手の名前を尋ねる。

・電話の切り方

親や友人との会話等、インフォーマルな場面では、"那我挂了啊 Nà wǒ guàle a" と発話し、こちら側から電話を切ることができる。だが、取引相手や上司との会話等、フォーマルな場面では、こちら側から電話を切るのではなく、"您先挂 Nín xiān guà" と発話し、相手側に電話を切ってもらうのが適切である。

練習問題

1 音声を聞き、質問に対して中国語で自由に答えなさい。

(1) _____

(2) _____

(3) _____

2 次の日本語を中国語に訳しなさい。

(1) どちら様ですか。

_____

(2) 彼の家は見つけやすいです。

_____

(3) 父はお風呂に入ってから晩御飯を食べます。

_____

3 次の会話を二人で完成させ、会話のロールプレイをしなさい。

A： 喂，_____吗?
　　Wèi, 　　　　　ma?

B： 我 是。_____, 有 事儿 吗?
　　Wǒ shì. 　　　　, yǒu shìr ma?

A： 我 想_____, 能 给 我 推荐 一 个 吗?
　　Wǒ xiǎng 　　　　　, néng gěi wǒ tuījiàn yí ge ma?

B： 这个 真 的 有。_____。
　　Zhège zhēn de yǒu. 　　　　　　.

A： 谢谢 谢谢。一起 去 吗?
　　Xièxie xièxie. Yìqǐ qù ma?

B： 必须 的。
　　Bìxū de.

4 **3** で得られた答えを以下の表に記入し、発表しなさい。

	アクティビティ	お勧めのもの
同学 1		
同学 2		

第五课

不是往东

第六课

目标
- 道案内の仕方が身につく。
- 聞き返しが身につく。

DL 31
CD1-31

❶ 热身练习

次の音声を聞いて日本語に該当する中国語を a ～ d から選びましょう。

a. (　　　　　)　　b. (　　　　　)　　c. (　　　　　)　　d. (　　　　　)

予報

信号機

遊びに行く

西へ曲がる

DL 32
CD1-32

❷ 生词

1	刚	gāng	先ほど	
2	波浪	bōlàng	波浪	
3	预报	yùbào	予報	
4	浪	làng	波	
5	一直	yìzhí	ずっと	
6	红绿灯	hónglùdēng	信号機	
7	转	zhuǎn	曲がる	
8	往	wǎng	～へ	
9	东	dōng	東	

10	谷歌	Gǔgē	Google
11	地图	dìtú	地图
12	糟糕	zāogāo	まずい
13	西	xī	西
14	晴空塔	Qíngkōngtǎ	スカイツリー
15	就	jiù	～すれば
16	行	xíng	よい
17	家	jiā	～軒
18	部	bù	～本

26

会话　海に行く日、祁さんと宝木さんは片瀬江ノ島駅で待ち合せました。

DL 33
CD1-33

宝木：　哎呀，我来晚了。等了很长时间了吧。
Bǎomù：　Āiyā,　wǒ láiwǎn le.　Děngle hěn cháng shíjiān le ba.

祁麟：　没关系，我也刚到。
Qí Lín：　Méi guānxi,　wǒ yě gāng dào.

宝木：　波浪预报说今天浪很好。
Bǎomù：　Bōlàng yùbào shuō jīntiān làng hěn hǎo.

祁麟：　太好了！那咱们快走吧。怎么走？
Qí Lín：　Tài hǎo le!　Nà zánmen kuài zǒu ba.　Zěnme zǒu?

宝木：　一直走，在第一个红绿灯右转。
Bǎomù：　Yìzhí zǒu,　zài dì yī ge hónglǜdēng yòu zhuǎn.

祁麟：　是从第一个红绿灯往东走，对吗？
Qí Lín：　Shì cóng dì yī ge hónglǜdēng wǎng dōng zǒu,　duì ma?

宝木：　东？咱们还是看看谷歌地图吧。
Bǎomù：　Dōng? zánmen háishi kànkan Gǔgē dìtú ba.

祁麟：　糟糕！不是往东，是往西。
Qí Lín：　Zāogāo! Bú shì wǎng dōng, shì wǎng xī.

第六课

DL 34
CD1-34

内容確認

音声を聴き、本文と合致するものに○、そうでないものには×を書きましょう。

1. ＿＿＿＿＿＿＿＿＿＿＿＿＿　（　　）

2. ＿＿＿＿＿＿＿＿＿＿＿＿＿　（　　）

3. ＿＿＿＿＿＿＿＿＿＿＿＿＿　（　　）

1 継続 "了…了"

① 我们 已经 学了 两 年 汉语 了。
Wǒmen yǐjīng xuéle liǎng nián Hànyǔ le.

② 我 已经 读了 十 本 中国 小说 了。
Wǒ yǐjīng dúle shí běn Zhōngguó xiǎoshuō le.

2 "怎么" + 動詞

① 去 晴空塔 怎么 走?
Qù Qíngkōngtǎ zěnme zǒu?

② 从 羽田 机场 去 银座，怎么 坐 车?
Cóng Yǔtián jīchǎng qù Yínzuò, zěnme zuò chē?

3 前置詞 "往"

① 从 这儿 一直 往 东 开 就 行。
Cóng zhèr yìzhí wǎng dōng kāi jiù xíng.

② 出了 大门 一直 往 前 走 就 有 一 家 银行。
Chūle dàmén yìzhí wǎng qián zǒu jiù yǒu yì jiā yínháng.

会話のコツ　道案内の仕方

　道案内の仕方にも日本語と中国語で違いがある。日本語の場合、曲がるときは左右で示せば良いが、中国語の場合、方位で示すことが多い。それは中国の都市の構造と関係がある。古来、中国の都市は碁盤の目状に作られているため、方位が分かりやすくなっている。中国の路名にも"西藏北路"、"西藏南路"、"南京东路"、"南京西路"のように方位が分かるようになっているものが多く見られる。

A：请问，这 附近 有＿＿＿吗?
Qǐngwèn, zhè fùjìn yǒu　　　ma?

B：有。一直 往 前，在 第＿＿个 路口 往＿＿走 就 有 一 家。
Yǒu. Yìzhí wǎng qián, zài dì　　ge lùkǒu wǎng　　zǒu jiù yǒu yìjiā.

A：知道 了，谢谢 你。
Zhīdào le, xièxie nǐ.

1 音声を聞き、質問に対して中国語で自由に答えなさい。

(1) _____

(2) _____

(3) _____

2 次の日本語を中国語に訳しなさい。

(1) グーグルマップを見てみましょう。

_____

(2) 私はもう中国の映画を 10 本見ています。

_____

(3) 天気予報によると、今日は雨が降るそうです。

_____

3 次の会話を二人で完成させ、会話のロールプレイをしなさい。

A： 抱歉 抱歉。我_____了。　　　　　　※抱歉：申し訳ありません
　　Bàoqiàn bàoqiàn.　Wǒ　　　　le.

B： 没关系。我也_____。
　　Méi guānxi.　Wǒ yě　　　　.

A： 咱们 快 走 吧。怎么 走?
　　Zánmen kuài zǒu ba.　Zěnme zǒu?

B： 好像 是_____走。　　　　　　※好像：〜のようだ
　　Hǎoxiàng shì　　　　zǒu.

A： 咱们 看看_____。
　　Zánmen kànkan　　　　.

B： 错 了，是 一直 往____走。
　　Cuò le,　shì yìzhí wǎng　zǒu.

4 **3** で得られた答えを以下の表に記入し、発表しなさい。

	間違った方向	確認するもの	正しい方向
同学 1			
同学 2			

辛苦你了

・動作の方向性を表す表現が身につく
・条件を表す、慣用表現が身につく

DL 37
CD1-37

① 热身练习

次の音声を聞いて日本語に該当する中国語を **a ~ d** から選びましょう。

a. ( ) **b.** ( ) **c.** ( ) **d.** ( )

駆け込んでいく

苦労する

保証する

位置

DL 38
CD1-38

② 生词

1 这么	zhème	こんなに
2 位置	wèizhi	位置
3 辛苦	xīnkǔ	苦労する
4 抢	qiǎng	奪う
5 只要…就~	zhǐyào…jiù~	…しさえすれば、~
6 铺上	pūshang	敷く
7 塑料布	sùliàobù	ビニールシート
8 敢	gǎn	敢えて…する
9 保证	bǎozhèng	保証する

10 放	fàng	放つ
11 美	měi	美しい
12 机会	jīhuì	チャンス
13 实习	shíxí	実習する
14 追	zhuī	追いかける
15 电视剧	diànshìjù	テレビドラマ
16 地	de	~に（連用修飾語）
17 草莓园	cǎoméiyuán	イチゴ農園

会话

日本では場所取りをするのは普通ですが、中国では違うようです。

宝木： 到 了。这 是 咱们 的 地方。
Bǎomù： Dào le. Zhè shì zánmen de dìfang.

祁麟： 这么 好 的 位置，你 是 怎么 找到 的？
Qí Lín： Zhème hǎo de wèizhi, nǐ shì zěnme zhǎodào de?

宝木： 这个 啊，我 早上 五 点 来 找 的。
Bǎomù： Zhège a, wǒ zǎoshang wǔ diǎn lái zhǎo de.

祁麟： 五 点！ 真 是 辛苦 你 了。没 人 抢 吗？
Qí Lín： Wǔ diǎn! Zhēn shì xīnkǔ nǐ le. Méi rén qiǎng ma?

宝木： 只要 铺上 塑料布，就 不 会 有 人 抢。
Bǎomù： Zhǐyào pūshang sùliàobù, jiù bú huì yǒu rén qiǎng.

祁麟： 这样 啊，在 中国 可 不 敢 保证。
Qí Lín： Zhèyàng a, zài Zhōngguó kě bù gǎn bǎozhèng.

宝木： 快 看，开始 放 烟花 了。
Bǎomù： Kuài kàn, kāishǐ fàng yānhuā le.

祁麟： 太 美 了！
Qí Lín： Tài měi le!

内容確認

音声を聴き、本文と合致するものに○、そうでないものには×を書きましょう。

1. _____ ( )

2. _____ ( )

3. _____ ( )

文法

 DL 41
CD1-41

1 強調構文 "是…的"

① 他 是 昨天 到 日本 的。
Tā shì zuótiān dào Rìběn de.

② 我们 是 开车 来 的。
Wǒmen shì kāichē lái de.

2 条件関係 "只要…就～"

① 只要 有 机会，我 就 去 那个 公司 实习。
Zhǐyào yǒu jīhuì, wǒ jiù qù nàge gōngsī shíxí.

② 只要 有 时间，我 就 追 中国 电视剧。
Zhǐyào yǒu shíjiān, wǒ jiù zhuī Zhōngguó diànshìjù.

3 方向補語

① 她 买来 一 个 很 大 的 生日 蛋糕。
Tā mǎilái yí ge hěn dà de shēngrì dàngāo.

② 小朋友们 高兴 地 跑进 草莓园 去 了。
Xiǎopéngyoumen gāoxìng de pǎojìn cǎoméiyuán qù le.

会話のコツ　感情表現

　外国語学習者にとって、目標言語での感情表現は意外と難しく、単調になったり、棒読みになってしまいがちである。だが、それでは自らの感情を相手に伝えることができない。ここでは、喜び、不満、後悔の感情を表す表現を紹介する。

・喜び

太好了！　Tài hǎo le!

我牛吧！　Wǒ niú ba! →人から褒められた際の応答表現の一つ

・不満

真是的。　Zhēn shì de.

看什么（看）？　Kàn shénme (kàn)?

我等了你半天，你怎么才来呀!?　Wǒ děngle nǐ bàntiān, nǐ zěnme cái lái ya!?

・後悔

……就好了　…jiù hǎo le

早知道我就不来了。　Zǎo zhīdào wǒ jiù bù lái le.

肠子都悔青了。　Chángzi dōu huǐqīng le.

悔得肠子都青了。　Huǐde chángzi dōu qīng le.

練習問題

1 音声を聞き、質問に対して中国語で自由に答えなさい。

(1) _____

(2) _____

(3) _____

2 次の日本語を中国語に訳しなさい。

(1) 今日は歩いて来たのです。

_____

(2) 学生たちは教室に駆け込んでいった。

_____

(3) お金さえあれば、私は台湾へ旅行しに行きます。

_____

3 次の会話を二人で完成させ、会話のロールプレイをしなさい。

A: 你 是＿＿＿＿＿找到 这么 好 的 位置 的?
　　Nǐ shì　　　　zhǎodào zhème hǎo de wèizhi de?

B: 只要 早 点儿 来 就 有 好 位置。
　　Zhǐyào zǎo diǎnr lái jiù yǒu hǎo wèizhi.

A: 你 是＿＿＿＿＿来 找 的?
　　Nǐ shì　　　　lái zhǎo de?

B: 早上＿＿＿点。
　　Zǎoshang　diǎn.

A: ＿＿点! 真 是 辛苦 你 了。
　　　diǎn! Zhēn shì xīnkǔ nǐ le.

B: 不 辛苦。 你 看, 开始＿＿＿＿＿＿了。
　　Bù xīnkǔ. Nǐ kàn, kāishǐ　　　　　le.

4 **3** で得られた答えを以下の表に記入し、発表しなさい。

	来た時刻	始まるアクティビティ
同学 1		
同学 2		

第七课

第八课 | # 花粉过敏

目标

・自分の体調を説明できる。

🎧 DL 43
💿 CD1-43

① 热身练习

次の音声を聞いて日本語に該当する中国語を a ～ d から選びましょう。

a. (   ) b. (   ) c. (   ) d. (   )

花粉症

風邪をひく

目がかゆい

くしゃみをする

🎧 DL 44
💿 CD1-44

② 生词

1	花粉	huāfěn	花粉		12	痒	yǎng	かゆい
2	过敏	guòmǐn	過敏である		13	应该	yīnggāi	…するべき
3	打喷嚏	dǎ pēntì	くしゃみをする		14	天啊	tiān a	何てことだ
4	怎么回事	zěnme huí shì	どういう事だ		15	得	děi	…しなければならない
5	后	hòu	…のあと		16	趟	tàng	…回
6	感冒	gǎnmào	風邪をひく		17	松本清	Sōngběn Qīng	マツモトキヨシ
7	可能	kěnéng	…かもしれない		18	公务员	gōngwùyuán	公務員
8	流鼻涕	liú bítì	鼻水が出る		19	咬	yǎo	かむ
9	其他	qítā	その他		20	口	kǒu	動作の回数を表す
10	症状	zhèngzhuàng	症状		21	零花钱	línghuāqián	お小遣い
11	眼睛	yǎnjing	目		22	挣	zhèng	稼ぐ

祁さんがくしゃみをしています。宝木さんは心配して尋ねました。　🎧 DL 45　💿 CD1-45

宝木 ：　你 怎么 了? 一直 打 喷嚏。
Bǎomù ：　Nǐ zěnme le?　Yìzhí dǎ pēntì.

祁麟 ：　不 知道 怎么 回事, 来 日本 后 就 开始 了。
Qí Lín ：　Bù zhīdào zěnme huíshì,　lái Rìběn hòu jiù kāishǐ le.

宝木 ：　是 不 是 感冒 了?
Bǎomù ：　Shì bu shì gǎnmào le?

祁麟 ：　可能 吧。还 流 鼻涕。
Qí Lín ：　Kěnéng ba.　Hái liú bítì.

宝木 ：　还有 其他 的　症状　吗?
Bǎomù ：　Háiyǒu qítā de zhèngzhuàng ma?

祁麟 ：　哦, 对 了, 眼睛 也 很 痒。
Qí Lín ：　Ò,　duì le,　yǎnjing yě hěn yǎng.

宝木 ：　那 应该 是 花粉 过敏。
Bǎomù ：　Nà yīnggāi shì huāfěn guòmǐn.

祁麟 ：　天 啊! 那 我 得 去 趟 "松本 清"。
Qí Lín ：　Tiān a!　　Nà wǒ děi qù tàng Sōngběn Qīng.

🎧 DL 46　💿 CD1-46　**内容確認**

音声を聴き、本文と合致するものに○、そうでないものには×を書きましょう。

1. _____　（　　）

2. _____　（　　）

3. _____　（　　）

第八課

DL 47
CD1-47

1 助動詞 "应该"

① 感冒 了 应该 多 休息。
　Gǎnmào le　yīnggāi duō xiūxi.

② 这个 问题 你 应该 问 老师。
　Zhège　wèntí　nǐ yīnggāi wèn lǎoshī.

2 助動詞 "得"

① 很 晚 了，我 得 走 了。
　Hěn wǎn le,　wǒ děi zǒu　le.

② 我 想 当 公务员，我 得 努力 学习。
　Wǒ xiǎng dāng gōngwùyuán,　wǒ děi　nǔlì　xuéxí.

3 動量詞

① 小狗 咬了 他 一 口。
　Xiǎogǒu yǎole　tā　yì kǒu.

② 我们 跟 老师 念了 一 次 课文。
　Wǒmen gēn lǎoshī niànle　yí　cì　kèwén.

会話のコツ　　体調を訴える

　日本語では体の痛みを表す際、「ズキンズキン」や「キリキリ」、「チクチク」のようにオノマトペを多用する。だが、現代中国語には同様のオノマトペが存在しないため、痛みの表し方を覚えておく必要がある。

例

钻心 (キリキリと)
zuānxīn

隐痛 (鈍痛)
yǐntòng

跳着疼 (ズキンズキン痛む)
tiàozhe téng

剧痛 (激痛)
jùtòng

针扎似的 (チクチクと)
zhēnzhā shìde

疼得要命 (死ぬほど痛い)
téngde yàomìng

一阵一阵地疼 (間を置いて痛む)
yí zhèn yí zhèn de téng

練習問題

1 音声を聞き、質問に対して中国語で自由に答えなさい。

(1) _____

(2) _____

(3) _____

2 次の日本語を中国語に訳しなさい。

(1) あなたは早く病院に行くべきです。

_____

(2) 今日の宿題は新出単語を3回書くことです。

_____

(3) 私は自分でアルバイトをしてお小遣いを稼がなければなりません。

_____

3 次の会話を二人で完成させ、会話のロールプレイをしなさい。

A： 你 怎么 了?
Nǐ zěnme le?

B： 我 一直_____, _____。
Wǒ yìzhí

A： 感冒 了 吧?
Gǎnmào le ba?

B： _____也 很____。
yě hěn

A： 那 应该 是_____。
Nà yīnggāi shì

B： 明天 我 得 去 趟_____。
Míngtiān wǒ děi qù tàng

4 **3** で得られた答えを以下の表に記入し、発表しなさい。

	症状1	症状2	病名
同学1			
同学2			

第八課

第九课 "扇""散"谐音

目标

・中国人に物を贈る時の習慣が身につく。

DL 49
CD1-49

① 热身练习

次の音声を聞いて日本語に該当する中国語を **a 〜 d** から選びましょう。

a. (　　　　)　　**b.** (　　　　)　　**c.** (　　　　)　　**d.** (　　　　)

| お土産 | 扇子 | 別れる | 友だち |

DL 50
CD1-50

② 生词

1	同事	tóngshì	同僚		**13**	听说	tīngshuō	聞くところによると
2	伴手礼	bànshǒulǐ	お土産		**14**	巨	jù	とても
3	不过	búguò	でも		**15**	束	shù	〜束
4	特色	tèsè	特色		**16**	餐桌	cānzhuō	ダイニングテーブル
5	扇子	shànzi	扇子		**17**	盘	pán	〜皿
6	散	sàn	散らばる		**18**	滑手机	huá shǒujī	スマホをいじる
7	谐音	xiéyīn	諧音		**19**	新闻	xīnwén	ニュース
8	分离	fēnlí	別れる		**20**	种植	zhòngzhí	栽培する
9	意思	yìsi	意味		**21**	墙	qiáng	壁
10	明白	míngbai	理解する		**22**	闹钟	nàozhōng	目覚まし時計
11	生巧	shēngqiǎo	生チョコレート		**23**	挂	guà	かかる
12	靠谱	kàopǔ	信じられる					

祁さんは同僚にどんなお土産を買うか迷っています。

DL 51
CD1-51

宝木： 你 想好　送 同事 什么 伴手礼 了 吗?
Bǎomù： Nǐ xiǎnghǎo sòng tóngshì shénme bànshǒulǐ le　ma?

祁麟： 还 没 想好, 不过 最 好 是 有 日本 特色 的。
Qí Lín： Hái méi xiǎnghǎo, búguò zuì hǎo shì yǒu Rìběn　tèsè　de.

宝木： 画着 烟花 的 扇子, 怎么样?
Bǎomù： Huàzhe yānhuā de　shànzi,　zěnmeyàng?

祁麟： 嗯……, 扇子 可 不 行。
Qí Lín： Ng……,　　shànzi kě　bù xíng.

宝木： 为什么 呀?
Bǎomù： Wèishénme ya?

祁麟："扇子" 和 "散" 谐音, 有 分离 的 意思。
Qí Lín： Shànzi　hé　sàn　xiéyīn, yǒu fēnlí de　yìsi.

宝木： 哦, 明白 了。那 日本　生巧　怎么样?
Bǎomù： Ò, míngbai le.　Nà Rìběn shēngqiǎo zěnmeyàng?

祁麟： 靠谱! 听说 日本　生巧 巨 好吃。
Qí Lín： Kàopǔ!　Tīngshuō Rìběn shēngqiǎo jù　hǎochī.

DL 52
CD1-52

内容確認

音声を聴き、本文と合致するものに○、そうでないものには×を書きましょう。

1. _____ （　）

2. _____ （　）

3. _____ （　）

第九课

文法

1 二重目的語文 "送"

① 我 送 妈妈 一 束 花。
Wǒ sòng māma yí shù huā.

② 他 送 我 一 个 圣诞 礼物。
Tā sòng wǒ yí ge shèngdàn lǐwù.

2 持続を表す "着"

① 餐桌 上 放着 一 盘 水果。
Cānzhuō shang fàngzhe yì pán shuǐguǒ.

② 躺着 滑 手机 对 眼睛 不 好。
Tǎngzhe huá shǒujī duì yǎnjing bù hǎo.

3 動詞 "听说"

① 听说 中国 的 南方人 喜欢 喝 绿茶。
Tīngshuō Zhōngguó de nánfāngrén xǐhuan hē lùchá.

② 听 新闻 说 日本 成功 种植出了 白 草莓。
Tīng xīnwén shuō Rìběn chénggōng zhòngzhíchūle bái cǎoméi.

会話のコツ　人に物を贈る

人に物を贈る際、日本語では「つまらないものですが…」などと謙遜の言葉を口にするのが一般的である。だが、中国語にはそういった習慣はなく、むしろ、自身が贈るものがどれほど良いものなのか、どれだけ苦労して入手したものなのかを強調する傾向がある。

例

这是我家附近最好吃的＿＿＿＿。
Zhè shì wǒ jiā fùjìn zuì hǎochī de

这是我特意给您买的＿＿＿＿。
Zhè shì wǒ tèyì gěi nín mǎi de

这是日本最有名的＿＿＿＿。
Zhè shì Rìběn zuì yǒumíng de

その他、注意しなければならないのは、物品の音である。現代中国語には同じ音、或いは似た音をもつ語がある。これを "谐音" という。物品の "谐音" に縁起の悪いものを表す音が存在する場合、それを人に贈ることは避けられる。

例

钟 (zhōng) → "送终" (親の死に水を取る)

扇子 (shànzi)，雨伞 (yǔsǎn) → "解散"，"离散" (別れ別れになる)

梨 (lí) → "离" (離れ離れになる)

1 音声を聞き、質問に対して中国語で自由に答えなさい。

(1) _____

(2) _____

(3) _____

2 次の日本語を中国語に訳しなさい。

(1) 彼女の中国語は上手いらしい。

_____

(2) 壁には目覚まし時計がかかっている。

_____

(3) 「梨」は「離」と発音が同じなので、別れるという意味がある。

_____

3 次の会話を二人で完成させ、会話のロールプレイをしなさい。

A： 你 送＿＿＿＿＿什么 伴手礼?
　　Nǐ sòng　　　　shénme bànshǒulǐ?

B： 想 送 有＿＿＿＿＿＿特色 的 东西。
　　Xiǎng sòng yǒu　　　　tèsè de dōngxi.

A：＿＿＿＿＿＿＿＿＿怎么样?
　　　　　　　　zěnmeyàng?

B：＿＿＿＿＿可 不 行，不 吉利。　　　　　　　　※吉利：縁起がよい
　　　　　kě bù xíng, bù jílì.

A： 那＿＿＿＿＿＿＿怎么样?
　　Nà　　　　　　zěnmeyàng?

B： 这个 好。在＿＿＿＿＿也 很 有名
　　Zhège hǎo. Zài　　　　yě hěn yǒumíng.

4 **3** で得られた答えを以下の表に記入し、発表しなさい。

	お土産の候補①	お土産の候補②
同学 1		
同学 2		

第九課

第十课　请你喝酒

目标

・誘いの断り方が身につく。
・誘い方が身につく。

DL 55
CD1-55

❶ 热身练习

次の音声を聞いて日本語に該当する中国語を a ~ d から選びましょう。

a. (　　　　　)　　b. (　　　　　)　　c. (　　　　　)　　d. (　　　　　)

ボランティア

レポート

中止する

明後日

DL 56
CD1-56

❷ 生词

1	为了	wèile	~するために		10	志愿者	zhìyuànzhě	ボランティア
2	感谢	gǎnxiè	感謝する		11	拼命	pīnmìng	一生懸命
3	请	qǐng	ご馳走する		12	台风	táifēng	台風
4	-不了	-buliǎo	~できない		13	演唱会	yǎnchànghuì	コンサート
5	报告	bàogào	レポート		14	取消	qǔxiāo	中止する
6	即使…也~	jíshǐ…yě	たとえ…だとしても~だ		15	正宗	zhèngzōng	本物の
7	-得完	-dewán	~し終われる		16	接	jiē	受ける
8	别	bié	~しないで		17	京剧	jīngjù	京劇
9	害	hài	陥れる		18	发烧	fāshāo	熱を出す

会话

DL 57 / CD1-57

祁さんから飲みに誘われましたが、明日はレポートの提出日です。

祁麟： 我 下 周 就要 回国 了。
Qí Lín： Wǒ xià zhōu jiù yào huí guó le.

宝木： 半年 过得 可真 快呀。
Bǎomù： Bànnián guòde kě zhēn kuài ya.

祁麟： 为了 感谢 你，我 想 请你 去 喝酒。
Qí Lín： Wèile gǎnxiè nǐ, wǒ xiǎng qǐng nǐ qù hē jiǔ.

宝木： 好 啊，好 啊。什么 时候 去？
Bǎomù： Hǎo a, hǎo a. Shénme shíhou qù?

祁麟： 今天 怎么样？
Qí Lín： Jīntiān zěnmeyàng?

宝木： 今天 我 去不了。明天 我 有个 报告 得 交。
Bǎomù： Jīntiān wǒ qùbuliǎo. Míngtiān wǒ yǒu ge bàogào děi jiāo.

祁麟： 没关系。喝完 酒 回来 再 写 也 写得完。
Qí Lín： Méi guānxi. Hēwán jiǔ huílai zài xiě yě xiědewán.

宝木： 你 可 别 害 我。
Bǎomù： Nǐ kě bié hài wǒ.

DL 58 / CD1-58

内容確認

音声を聴き、本文と合致するものに○、そうでないものには×を書きましょう。

1. _____ （　　）

2. _____ （　　）

3. _____ （　　）

第十课

43

1 様態補語

① 他 写 字 写得 很 好看。
　Tā xiě zì xiěde hěn hǎokàn.

② 我 哥哥 网球 打得 比 我 好。
　Wǒ gēge wǎngqiú dǎde bǐ wǒ hǎo.

2 仮定関係 "即使…也～"

① 即使 有 台风，演唱会 也 不会 取消。
　Jíshǐ yǒu táifēng, yǎnchànghuì yě bú huì qǔxiāo.

② 即使 不 去 中国，也能 吃到 正宗 的 中国菜。
　Jíshǐ bú qù Zhōngguó, yě néng chīdào zhèngzōng de Zhōngguócài.

3 可能補語

① 电车 里 接不了 电话。
　Diànchē li jiēbuliǎo diànhuà.

② 谁 能 买得到 明天 的 京剧票?
　Shéi néng mǎidedào míngtiān de jīngjùpiào?

会話のコツ 　誘いを断る表現

　他者からの誘いを断る場合、日本語であれば、「いや…、ちょっと…」のように言葉を濁すことで、具体的な理由を答えることを回避することができる。だが、現代中国語では、他者からの誘いを断るに値する理由を述べる必要性がある。加えて近年は断る表現を述べる前に、「本当は行きたいんだけど…」と社交辞令を述べたのち、断るに値する理由を述べる傾向にある。

A：今天 晚上 咱们 一起 去 喝 酒 吧。
　Jīntiān wǎnshang zánmen yìqǐ qù hē jiǔ ba.

B：我 很 想 去，不过 今天 我 不 能 去。因为 明天 我 有 个 报告 得 交。
　Wǒ hěn xiǎng qù, búguò jīntiān wǒ bù néng qù. Yīnwèi míngtiān wǒ yǒu ge bàogào děi jiāo.

A：这个 周末 一起 看 新 上映 的 美国 大片儿 吧。
　Zhège zhōumò yìqǐ kàn xīn shàngyìng de Měiguó dàpiānr ba.

B：我 早 就 想 去 看 了。不过 抱歉 这个 周末 不 行。有 个 朋友 要 来。
　Wǒ zǎo jiù xiǎng qù kàn le. Búguò bàoqiàn zhège zhōumò bù xíng. Yǒu ge péngyou yào lái.

練習問題

1 音声を聞き、質問に対して中国語で自由に答えなさい。

(1) _____

(2) _____

(3) _____

2 次の日本語を中国語に訳しなさい。

(1) 彼は日本料理を美味しく作る。

_____

(2) たとえ熱が出ても、彼は学校へ行く。

_____

(3) 彼は一日で 3 冊中国語の小説を読み終えることはできない。

_____

3 次の会話を二人で完成させ、会話のロールプレイをしなさい。

A： 为了 感谢 你， 我 想 请 你_____。
　　Wèile gǎnxiè nǐ, wǒ xiǎng qǐng nǐ _____.

B： 好 啊， 什么 时候 去?
　　Hǎo a, shénme shíhou qù?

A： _____你 有 时间 吗?
　　_____ nǐ yǒu shíjiān ma?

B： _____我 不 能 去。
　　_____ wǒ bù néng qù.

A： 为什么?
　　Wèishénme?

B： 我_____有_____。
　　Wǒ _____ yǒu _____.

4 **3** で得られた答えを以下の表に記入し、発表しなさい。

	何に誘う?	いつ	断られた理由
同学 1			
同学 2			

第十一课　照顾不周

> 目标
> ・ちょっとした冗談を言い、相手との距離を近くすることができる。
> ・お世話になった相手に感謝の言葉を述べることができる。

DL 61
CD1-61

① 热身练习

次の音声を聞いて日本語に該当する中国語を a ～ d から選びましょう。

a. (　　　　　) 　b. (　　　　　) 　c. (　　　　　) 　d. (　　　　　)

世話をする　　　　　　お父さん　　　　　　弁当　　　　　　娘

DL 62
CD1-62

② 生词

1	照顾	zhàogu	世話をする	9	女儿奴	nǚ'érnú	娘の虜
2	不周	bù zhōu	行き届かない	10	卡通	kǎtōng	アニメ、キャラクター
3	打算	dǎsuàn	～するつもりだ	11	便当	biàndāng	弁当
4	带	dài	伴う	12	滑雪	huáxuě	スキーをする
5	女儿	nǚ'ér	娘	13	迷路	mílù	道に迷う
6	超	chāo	最高の、飛びぬけて	14	迟到	chídào	遅れる
7	萌	méng	可愛い	15	发短信	fā duǎnxìn	メッセージを送る
8	妥妥的	tuǒtuǒ de	間違いなく	16	添麻烦	tiān máfan	面倒をかける

46

二人は食事をしながら話しています。

DL 63
CD1-63

祁麟： 瑠央，这 半年 太 感谢 你 了！
Qí Lín： Liúyāng, zhè bànnián tài gǎnxiè nǐ le!

宝木： 哪里 哪里，还有 很 多 照顾 不 周 的 地方。
Bǎomù： Nǎli nǎli, háiyǒu hěn duō zhàogu bù zhōu de dìfang.

祁麟： 下 次 我 打算 带 我 女儿 一起 来。
Qí Lín： Xià cì wǒ dǎsuàn dài wǒ nǚ'ér yìqǐ lái.

宝木： 你 女儿 一定 很 可爱 吧。
Bǎomù： Nǐ nǚ'ér yídìng hěn kě'ài ba.

祁麟： 超 萌！ 朋友们 都 说 我 是 女儿奴。
Qí Lín： Chāo méng! Péngyoumen dōu shuō wǒ shì nǚ'érnú.

宝木： 为 什么？
Bǎomù： Wèi shénme?

祁麟： 因为 我 每天 给 女儿 做 卡通 便当。
Qí Lín： Yīnwèi wǒ měitiān gěi nǚ'ér zuò kǎtōng biàndāng.

宝木： 妥妥 的 女儿奴 啊。
Bǎomù： Tuǒtuǒ de nǚ'érnú a.

DL 64
CD1-64

内容確認

音声を聴き、本文と合致するものに○、そうでないものには×を書きましょう。

1. _____ （　　）

2. _____ （　　）

3. _____ （　　）

1 助動詞 "打算"

① 寒假 我 打算 去 长野 滑雪。
Hánjià wǒ dǎsuàn qù Chángyě huáxuě.

② 你 打算 送 她 什么 生日 礼物？
Nǐ dǎsuàn sòng tā shénme shēngrì lǐwù?

2 因果関係 "因为…（所以）"

① 因为 下 大雪，电车 晚 点 了。
Yīnwèi xià dàxuě, diànchē wǎn diǎn le.

② 因为 迷路 了，所以 我 迟到 了。
Yīnwèi mílù le, suǒyǐ wǒ chídào le.

3 前置詞 "给"

① 请 给 我 打 电话。
Qǐng gěi wǒ dǎ diànhuà.

② 我 常 给 朋友 发 短信。
Wǒ cháng gěi péngyou fā duǎnxìn.

③ 真 不 好意思，给 你们 添 麻烦 了。
Zhēn bù hǎoyìsi, gěi nǐmen tiān máfan le.

会話のコツ　流行語

　言葉は生きている。日本語に新語や流行語が生まれているのと同様、中国語にも新語や流行語が生まれ、言葉が変化していく。アンテナを張り巡らせ、新しい語彙を身につけておくことも、中国語ネイティブと円滑なコミュニケーションを図るうえで重要な要素となる。以下、いくつかを紹介する。

　　〜奴 nú：車や住宅を購入する際にローンを組み、その返済に追われて生活を楽しめない人を指す。　例：车奴、房奴
　　　　これとは別に、牛馬の労を厭わず、誰かのために尽くす者のことを指す例もある。　例：女儿奴、宠物奴
　　颜控 yánkòng：極度に人の容貌を重視する人のこと。
　　颜值 yánzhí：容貌の良しあしの程度のこと。
　　卡哇伊 kǎwāyī：日本語の「可愛い」を音訳したもの。
　　萌 méng：日本語の「萌え」を直接訳したもの。ただし、日本語の「萌え」よりも広く「可愛い」という意味で用いられる。

練習問題

1 音声を聞き、質問に対して中国語で自由に答えなさい。

(1) _____

(2) _____

(3) _____

2 次の日本語を中国語に訳しなさい。

(1) あなた方にはご面倒をおかけしました。

_____

(2) 夏休み、私は一人で中国に行くつもりです。

_____

(3) 宝木さんは風邪をひいたので、授業に来ませんでした。

_____

3 次の会話を二人で完成させ、会話のロールプレイをしなさい。

A： 这____太 感谢 你 了。
　　Zhè　　tài gǎnxiè nǐ　le.

B： 你 太 客气 了。还 有 很 多 照顾 不 周 的 地方。
　　Nǐ　tài　kèqi　le.　　Hái yǒu hěn duō zhàogu bù zhōu de dìfang.

A： 你 看，这 是 我____。
　　Nǐ kàn,　zhè shì wǒ____.

B： 太____了！ 你 一定 很____吧？
　　Tài____le!　　Nǐ yídìng hěn____ba?

A： 没 错！ 我 每天 都 给_____。
　　Méi cuò!　　Wǒ měitiān dōu gěi_____.

B： 真 是 一 个_____啊。
　　Zhēn shì yí ge_____a.

4 **3** で得られた答えを以下の表に記入し、発表しなさい。

	世話になった期間	相手に見せたものは	何をするのか
同学 1			
同学 2			

第十二课　一路平安

目标

・人を見送る際の表現が身につく。

🎧 DL 67
💿 CD1-67　**① 热身练习**

次の音声を聞いて日本語に該当する中国語を a 〜 d から選びましょう。

a. (　　　　)　　b. (　　　　)　　c. (　　　　)　　d. (　　　　)

離陸する

連絡する

会う

チェックインする

🎧 DL 68
💿 CD1-68　**② 生词**

1	一路平安	yí lù píng'ān	道中御無事で	12	差不多	chàbuduō	そろそろ
2	如果	rúguǒ	もし	13	登机	dēngjī	チェックインする
3	可以	kěyǐ	…できる	14	随时	suíshí	いつでも
4	烤鸭	kǎoyā	アヒルの丸焼き	15	联系	liánxì	連絡する
5	爬	pá	登る	16	勉强	miǎnqiǎng	無理をする
6	长城	Chángchéng	万里の長城	17	东京迪士尼乐园	Dōngjīng díshìní lèyuán	東京ディズニーランド
7	不是吧	bú shì ba	本当に				
8	熊本熊	Xióngběnxióng	くまモン	18	新干线	xīngànxiàn	新幹線
9	最爱	zuì ài	最愛	19	红叶	hóngyè	紅葉
10	起飞	qǐfēi	離陸する	20	乐高积木	Lègāo jīmù	レゴブロック
11	来着	láizhe	…だっけ				

会话

宝木さんは、帰国する祁さんを見送るため空港に来ました。

祁麟： 如果 有 机会 请 一定 来 北京 玩儿。
Qí Lín： Rúguǒ yǒu jīhuì qǐng yídìng lái Běijīng wánr.

宝木： 好，有 机会 一定 去。
Bǎomù： Hǎo, yǒu jīhuì yídìng qù.

祁麟： 咱们 可以 去 尝尝 烤鸭，爬爬 长城。
Qí Lín： Zánmen kěyǐ qù chángchang kǎoyā, pápa Chángchéng.

宝木： 听说 你喜欢 熊本熊，这个 送给 你。
Bǎomù： Tīngshuō nǐ xǐhuan Xióngběnxióng, zhège sònggěi nǐ.

祁麟： 不 是 吧? 谢谢！ 熊本熊 是 我 的 最 爱。
Qí Lín： Bú shì ba? Xièxie! Xióngběnxióng shì wǒ de zuì ài.

宝木： 不 客气。哎，飞机 几 点 起飞 来着?
Bǎomù： Bú kèqi. Āi, fēijī jǐ diǎn qǐfēi láizhe?

祁麟： 哦，时间 差不多 了，我 登机 了。
Qí Lín： Ò, shíjiān chàbuduō le, wǒ dēngjī le.

宝木： 一 路 平安。
Bǎomù： Yí lù píng'ān.

内容確認

音声を聴き、本文と合致するものに○、そうでないものには×を書きましょう。

1. _____ （　　）

2. _____ （　　）

3. _____ （　　）

第十二課

51

文法

1 仮定関係"如果…（就）"

① 如果 身体 不 舒服，请 不 要 勉强。
Rúguǒ shēntǐ bù shūfu, qǐng bú yào miǎnqiǎng.

② 如果 有 什么 问题，请 随时 联系 我们。
Rúguǒ yǒu shénme wèntí, qǐng suíshí liánxì wǒmen.

2 助動詞"可以"

① 在 东京 迪士尼 乐园 可以 看 烟花。
Zài Dōngjīng díshìní lèyuán kěyǐ kàn yānhuā.

② 我们 可以 坐 新干线 去 京都 看 红叶。
Wǒmen kěyǐ zuò xīngànxiàn qù Jīngdū kàn hóngyè.

3 動詞＋"给"

① 我 把 报告 交给 老师。
Wǒ bǎ bàogào jiāogěi lǎoshī.

② 他 寄给 女儿 一 套 乐高 积木。
Tā jìgěi nǚ'ér yí tào Lègāo jīmù.

会話のコツ　別れ際の表現

　見送られる側は、"如果有机会请一定来＿＿玩儿。"のような表現を用いて、相手を自身の地元・故郷に誘う。誘われた側は同意して、"太期待了。"のように返事をする。なお、"一路顺风"は飛行機に乗る人には使用しない。相手が飛行機に乗ることが分かっている場合には、"一路平安"を使うのが適切である。

A：下次 请 一定 来 京都 玩儿。
Xiàcì qǐng yídìng lái Jīngdū wánr.

B：听说 京都 超 美。 太 期待 了。
Tīngshuō Jīngdū chāo měi. Tài qīdài le.

A：一 路 平安。
Yí lù píng'ān.

B：谢谢！ 多 保重。
Xièxie! Duō bǎozhòng.

52

DL 72
CD1-72

1 音声を聞き、質問に対して中国語で自由に答えなさい。

(1) _____

(2) _____

(3) _____

2 次の日本語を中国語に訳しなさい。

(1) 学校の食堂ではお酒を飲んではいけない。

_____

(2) もし何か困難があれば、私に電話してください。

_____

(3) 中国の友人が私にパンダの切手をプレゼントしてくれる。

_____

3 次の会話を二人で完成させ、会話のロールプレイをしなさい。

A： 听说 你 喜欢_____。
　　Tīngshuō nǐ xǐhuan　　　　 .

B： 是 的。_____是 我 的 最 爱。
　　Shì de.　　　　 shì wǒ de zuì ài.

A： 这_____送给 你。
　　Zhè　　　　　　 sònggěi nǐ.

B： 谢谢！ 下 次 请 一 定 来_____玩儿。
　　Xièxie! Xià cì qǐng yídìng lái　　　 wánr.

A： 好。有 机 会 我 一 定 去。一 路 平 安。
　　Hǎo. Yǒu jīhuì wǒ yídìng qù. Yí lù píng'ān.

B： 再见。
　　Zài jiàn.

4 **3** で得られた答えを以下の表に記入し、発表しなさい。

	好きな物	行く場所
同学 1		
同学 2		

DL 73
CD2-01

1 次のイラストにある単語のピンインと意味を調べなさい。

① 笔记本电脑　　　② 手机　　　③ 眼镜

ピンイン（　　　　　）　　（　　　　　）　　（　　　　　）
日本語　（　　　　　）　　（　　　　　）　　（　　　　　）

④ 护照　　　⑤ 伴手礼　　　⑥ 化妆包

ピンイン（　　　　　）　　（　　　　　）　　（　　　　　）
日本語　（　　　　　）　　（　　　　　）　　（　　　　　）

DL 74
CD2-02

2 山本さんと斎藤さんは、旅行に行き、持ち物を失くしてしまいました。次の音声を聞き、彼らが
失くした物をチェックし、失くした場所を表に書き込みなさい。

	护照	手机	眼镜	笔记本电脑	化妆包	伴手礼
山本						
齐藤						

3 次のイラストを参考に会話を作成し、2人で会話練習をしなさい。

六出祁山　麒麟

A：你好！我姓＿＿＿，叫＿＿＿＿＿＿。
　　＿＿是＿＿＿的＿＿，＿＿是＿＿＿的＿＿，＿＿是＿＿＿＿＿＿的＿＿，＿＿是＿＿＿的＿＿。
B：你好！我叫＿＿＿＿＿＿＿＿＿＿＿＿＿＿。
　　＿＿＿＿＿＿＿＿＿＿＿＿＿＿＿＿＿＿＿＿＿＿。
A：认识你很高兴。
B：＿＿＿＿＿＿＿＿＿＿＿。以后请多指教。

DL 75
CD2-03

1 次のイラストにある単語のピンインと意味を調べなさい。

① 飞机   ② 新干线   ③ 大巴

ピンイン （　　　　　　　） 　（　　　　　　　） 　（　　　　　　　）
日本語 （　　　　　　　） 　（　　　　　　　） 　（　　　　　　　）

④ 自行车   ⑤ 租车   ⑥ 走路

ピンイン （　　　　　　　） 　（　　　　　　　） 　（　　　　　　　）
日本語 （　　　　　　　） 　（　　　　　　　） 　（　　　　　　　）

DL 76
CD2-04

2 山本さんと斎藤さんが旅行に行きました。次の音声を聞き、彼らが行った場所とその際に用いた交通機関を聞き取り、表に書き込みなさい。

	飞机	新干线	大巴	自行车	租车	走路
山本						
齐藤						

3 次のイラストを参考に会話を作成し、2人で会話練習をしなさい。

A：今天别做饭了。在外边儿吃吧。

B：好啊！你想吃＿＿＿＿＿＿还是＿＿＿＿＿＿？

A：我想吃＿＿＿＿＿＿。

B：我也想吃＿＿＿＿＿＿。

A：那咱们去＿＿＿＿＿＿还是＿＿＿＿＿＿？（お店の名前など）

B：去＿＿＿＿＿＿吧。那儿＿＿＿＿＿＿。（そのお店を選ぶ理由など）

DL 77
CD2-05

1 次のイラストにある単語のピンインと意味を調べなさい。

① 晴天

② 下雨

③ 下雪

ピンイン（　　　　　）　　（　　　　　　）　　（　　　　　　）

日本語（　　　　　）　　（　　　　　　）　　（　　　　　　）

④ 台风

⑤ 热

⑥ 冷

ピンイン（　　　　　）　　（　　　　　　）　　（　　　　　　）

日本語（　　　　　）　　（　　　　　　）　　（　　　　　　）

DL 78
CD2-06

2 山本さんと斎藤さんが旅行に行った際の天気について話しています。次の音声を聞き、旅行先の天候をチェックし、場所を書き込みなさい。

	晴天	下雨	下雪	台风	热	冷
山本						
齐藤						

3 次のイラストを参考に会話を作成し、2人で会話練習をしなさい。

A：＿＿＿＿＿＿＿＿＿你有时间吗？ （時を表す言葉）

B：有啊。有什么事儿吗？

A：那咱们一起去＿＿＿＿＿＿＿吧。

B：好啊。在哪儿见面？

A：那咱们＿＿＿＿＿点在＿＿＿＿＿＿＿见。

B：不见不散！

1 次のイラストにある単語のピンインと意味を調べなさい。

DL 79
CD2-07

① 寿司	② 烤肉	③ 炸猪排

ピンイン（　　　　　）　　（　　　　　）　　（　　　　　）
日本語 （　　　　　）　　（　　　　　）　　（　　　　　）

④ 鳗鱼饭	⑤ 咖喱乌冬面	⑥ 笊篱荞麦面

ピンイン（　　　　　）　　（　　　　　）　　（　　　　　）
日本語 （　　　　　）　　（　　　　　）　　（　　　　　）

DL 80
CD2-08

2 山本さんと斎藤さんが食事に行く相談をしています。それぞれが食べたいものをチェックし、その理由を表に書き込みなさい。

	寿司	烤肉	炸猪排	鳗鱼饭	咖喱乌冬面	笊篱荞麦面
山本						
齐藤						

3 次のイラストを参考に会話を作成し、2人で会話練習をしなさい。

A：能不能帮我一个忙？

B：好啊，什么忙？

A：帮我看一下＿＿＿＿＿＿＿＿＿＿＿？

B：好啊，怎么谢我？

A：请你＿＿＿＿＿＿＿＿＿＿＿。

B：成交！

※成交：取引が成立する

DL 81
CD2-09

1 次のイラストにある単語のピンインと意味を調べなさい。

① 看烟花

ピンイン （　　　　　　　　）
日本語 （　　　　　　　　）

② 冲浪

（　　　　　　　　）
（　　　　　　　　）

③ 去水族馆

（　　　　　　　　）
（　　　　　　　　）

④ 唱歌

ピンイン （　　　　　　　　）
日本語 （　　　　　　　　）

⑤ 吃饭

（　　　　　　　　）
（　　　　　　　　）

⑥ 滑雪

（　　　　　　　　）
（　　　　　　　　）

DL 82
CD2-10

2 山本さんと斎藤さんが休暇中行なったことについて話しています。次の音声を聞き、彼らが行なったアクティビティをチェックし、場所を書き込みなさい。

	看烟花	冲浪	去水族馆	唱歌	吃饭	滑雪
山本						
齐藤						

3 次のイラストを参考に会話を作成し、2人で会話練習をしなさい。

A：喂，我要＿＿＿＿＿＿＿，＿＿＿＿＿＿＿＿。

B：好，您的地址？

※地址：住所

A：山水町 1-20。

B：好的　＿＿＿＿＿＿＿后送到。

A：到付可以吗？

B：可以　＿＿＿＿＿＿＿给送货员。（微信支付 wēixìn zhīfù / 现金支付 xiànjīn zhīfù）

DL 83
CD2-11

1 次のイラストにある単語のピンインと意味を調べなさい。

① 晴转多云   ② 大雨转晴   ③ 有雾霾

ピンイン（　　　　　　）　（　　　　　　）　（　　　　　　）
日本語　（　　　　　　）　（　　　　　　）　（　　　　　　）

④ 沙尘暴   ⑤ 有大雾   ⑥ 雷阵雨

ピンイン（　　　　　　）　（　　　　　　）　（　　　　　　）
日本語　（　　　　　　）　（　　　　　　）　（　　　　　　）

DL 84
CD2-12

2 山本さんと斎藤さんが大学祭の天気を心配しています。次の音声を聞き、過去の大学祭の天候を
チェックしなさい。

	晴转多云	大雨转晴	有雾霾	沙尘暴	有大雾	雷阵雨
山本						
齐藤						

3 次のイラストを参考に会話を作成し、2人で会話練習をしなさい。

A：＿＿＿＿＿＿＿在哪儿?

B：＿＿＿＿＿＿＿在一号馆。

A：去一号馆怎么走?

B：一直往＿＿＿＿＿走，在＿＿＿＿＿＿＿的那个楼就是。

A：谢谢。

B：＿＿＿＿＿＿。

DL 85
CD2-13

1 次のイラストにある単語のピンインと意味を調べなさい。

① 看起来

② 听起来

③ 写下来

ピンイン（　　　　　　　）　（　　　　　　　）　（　　　　　　　）
日本語　（　　　　　　　）　（　　　　　　　）　（　　　　　　　）

④ 包上

⑤ 贴上

⑥ 带上

ピンイン（　　　　　　　）　（　　　　　　　）　（　　　　　　　）
日本語　（　　　　　　　）　（　　　　　　　）　（　　　　　　　）

DL 86
CD2-14

2 山本さんが旅行記をまとめてタイムラインに載せました。斎藤さんはそれを見て、同じ場所に行く気になったようです。次の音声を聞き、山本さんが旅行記をどうしたのか、それを読んだ斎藤さんの行動をチェックしなさい。

	看起来	听起来	写下来	包上	贴上	带上
山本						
齐藤						

3 次のイラストを参考に会話を作成し、2人で会話練習をしなさい。

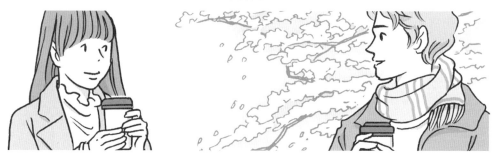

A：你_____吗?

B：没看过，但是我很想看。

A：那你一定要去看看。花见是_____。

B：可是我听说人超多。能_____吗?

A：只要早点儿去，就没问题。

B：那我明天就去_____。（場所取りに必要なもの）

DL 87
CD2-15

1 次のイラストにある単語のピンインと意味を調べなさい。

① 发烧   ② 头疼   ③ 肚子疼

ピンイン（　　　　　）　　（　　　　　）　　（　　　　　）
日本語（　　　　　）　　（　　　　　）　　（　　　　　）

④ 拉肚子   ⑤ 恶心   ⑥ 咳嗽

ピンイン（　　　　　）　　（　　　　　）　　（　　　　　）
日本語（　　　　　）　　（　　　　　）　　（　　　　　）

DL 88
CD2-16

2 山本さんと斎藤さんが風邪をひきました。次の音声を聞き、彼らの症状をチェックしなさい。

	发烧	头疼	肚子疼	拉肚子	恶心	咳嗽
山本						
齐藤						

3 次のイラストを参考に会話を作成し、2 人で会話練習をしなさい。

A：哪儿不舒服？

B：医生，我＿＿＿＿＿＿，＿＿＿＿＿＿，＿＿＿＿＿＿。

A：从＿＿＿＿＿＿开始的？

B：从＿＿＿＿＿＿＿＿就开始了。

A：你可能是太紧张了。好好儿休息两天就好了。

B：谢谢医生。

DL 89
CD2-17

1 次のイラストにある単語のピンインと意味を調べなさい。

① 日本酒　　　　② 御守　　　　③ 钥匙扣

ピンイン（　　　　　）　（　　　　　）　（　　　　　）
日本語 （　　　　　）　（　　　　　）　（　　　　　）

④ 化妆品　　　　⑤ 香水　　　　⑥ 饼干

ピンイン（　　　　　）　（　　　　　）　（　　　　　）
日本語 （　　　　　）　（　　　　　）　（　　　　　）

DL 90
CD2-18

2 山本さんと斎藤さんは、春休みに留学生の友人の家に遊びに行くことになったので、お土産に何を持っていくか相談しています。次の音声を聞き、彼らの話題にあがったものをチェックし、決めたものに○をしなさい。

	日本酒	御守	钥匙扣	化妆品	香水	饼干
山本						
齐藤						

3 次のイラストを参考に会話を作成し、2人で会話練習をしなさい。

A：你买什么＿＿＿＿＿＿＿了?

B：我给中国朋友买了＿＿＿＿＿＿＿。给美国朋友买了＿＿＿＿＿＿＿。

A：＿＿＿＿＿＿＿?　＿＿＿＿＿＿＿可不行。因为"钟"和"终"＿＿＿＿＿＿＿。

B：那＿＿＿＿＿＿＿也不行吧?

A：＿＿＿＿＿＿＿没问题。日本的手表很有人气。

B：多亏有你。那我明天去用＿＿＿＿＿＿＿换手表吧。　　　※多亏：〜のおかげで

DL 91
CD2-19
1 次のイラストにある単語のピンインと意味を調べなさい。

① 烧烤

② 喝酒

③ 看电影

ピンイン（　　　　　　）　　（　　　　　　）　　（　　　　　　）
日本語　（　　　　　　）　　（　　　　　　）　　（　　　　　　）

④ 爬山

⑤ 兜风

⑥ 跳舞

ピンイン（　　　　　　）　　（　　　　　　）　　（　　　　　　）
日本語　（　　　　　　）　　（　　　　　　）　　（　　　　　　）

DL 92
CD2-20
2 山本さんと斎藤さんはどこかへ遊びに行くことにしました。それぞれが提案したものをチェックし、最終的に行くことにしたものに○をしなさい。

	烧烤	喝酒	看电影	爬山	兜风	跳舞
山本						
齐藤						

3 次のイラストを参考に会話を作成し、2人で会話練習をしなさい。

A：＿＿＿＿＿＿后＿＿＿＿＿去?

B：不行，我酒精过敏。　　　　　　　　　　　　※酒精过敏：アルコールアレルギー

A：那咱们不＿＿＿＿＿＿，只＿＿＿＿＿。

B：那也不行，我＿＿＿＿＿＿。

A：那你＿＿＿＿＿＿能去?

B：等我减肥成功了。　　　　　　　　　　　　　※减肥：ダイエットする

DL 93
CD2-21

1 次のイラストにある単語のピンインと意味を調べなさい。

① 折纸　　　　　② 读故事书　　　　③ 接送

ピンイン（　　　　　）　（　　　　　）　（　　　　　）
日本語（　　　　　）　（　　　　　）　（　　　　　）

④ 做手工　　　　⑤ 画画儿　　　　　⑥ 弹钢琴

ピンイン（　　　　　）　（　　　　　）　（　　　　　）
日本語（　　　　　）　（　　　　　）　（　　　　　）

DL 94
CD2-22

2 山本さんには年の離れた弟、斎藤さんには妹がいます。次の音声を聞き、彼らが弟や妹と一緒にしていることをチェックし、いつしているのかを表に書き込みなさい。

	折纸	读故事书	接送	做手工	画画儿	弹钢琴
山本						
齐藤						

3 次のイラストを参考に会話を作成し、2人で会話練習をしなさい。

A：你看你看，这是＿＿＿＿＿＿＿＿＿＿。

B：超萌。＿＿＿＿＿＿＿的衣服也很＿＿＿＿＿＿＿，在哪儿买的。

A：这是＿＿＿＿＿＿的

B：啊?!　妥妥的＿＿＿＿＿＿啊！

A：我愿意，怎么着吧。　　　　　　　　　　　　　※怎么着吧：だから何？

B：你那是病，得治。

1 次のイラストにある単語のピンインと意味を調べなさい。

① 晴空塔　　　　　② 金阁寺　　　　　③ 大阪城

ピンイン（　　　　　）　　（　　　　　）　　（　　　　　）

日本語　（　　　　　）　　（　　　　　）　　（　　　　　）

④ 富良野　　　　　⑤ 横滨中华街　　　⑥ 上野动物园

ピンイン（　　　　　）　　（　　　　　）　　（　　　　　）

日本語　（　　　　　）　　（　　　　　）　　（　　　　　）

2 山本さんと斎藤さんが地元自慢をしています。次の音声を聞き、彼らが勧める観光名所をチェックしなさい。

	晴空塔	金阁寺	大阪城	富良野	横滨中华街	上野动物园
山本						
齐藤						

3 次のイラストを参考に会話を作成し、2人で会話練習をしなさい。

A：快开船了，上船吧。一路顺风。

B：谢谢你这一周的热情款待。

A：你＿＿＿＿＿＿＿了。下次一定多待几天。

B：谢谢。欢迎你来＿＿＿＿＿＿＿。咱们可以＿＿＿＿＿＿＿，＿＿＿＿＿＿＿。

A：谢谢你，有机会＿＿＿＿＿＿＿。

B：一言为定。　　　　　　　　　　　　　※一言为定：はっきり約束する

◇◇ 索 引 ◇◇

索引

著　者

宮本　大輔（長野大学）

温　　琳（麗澤大学）

表紙デザイン

(株)欧友社

イラスト

川野　郁代

中国語会話のコツ

2020 年 1 月 9 日　初 版 発 行

著 者　©宮本　大輔
温　　琳
発行者　福岡正人
発行所　株式会社　金星堂

〒101-0051　東京都千代田区神田神保町 3-21
Tel. 03-3263-3828　Fax. 03-3263-0716
E-mail : text@kinsei-do.co.jp
URL : http://www.kinsei-do.co.jp

編集担当　川井義大　　　　　　　　　　　2-00-0715
組版／株式会社欧友社　印刷／興亜産業　製本／松島製本

KINSEIDO, 2020, Printed in Japan

ISBN978-4-7647-0715-3 C1087